BEI GRIN MACHT SICH IHR WISSEN BEZAHLT

Verbesserung der Softwareverteilung im Netz. Anwendung des Softwareverteilungsystems "ActiveEntry" im Krankenhaus

Bibliografische Information der Deutschen Nationalbibliothek:

Die Deutsche Nationalbibliothek verzeichnet diese Publikation in der Deutschen Nationalbibliografie; detaillierte bibliografische Daten sind im Internet über http://dnb.d-nb.de abrufbar.

ISBN: 9783346927804
Dieses Buch ist auch als E-Book erhältlich.

© GRIN Publishing GmbH
Trappentreustraße 1
80339 München

Druck und Bindung: Books on Demand GmbH, Norderstedt Germany
Gedruckt auf säurefreiem Papier aus verantwortungsvollen Quellen

Das Buch bei GRIN: https://www.grin.com/document/1381031

Praxisarbeit

Thema: Verbesserung der Softwareverteilung im Netz.

Studiengang: Informatik (Medizinische Informatik)

Praxispartner: Krankenhaus „XY"

Städtisches Klinikum

Inhaltsverzeichnis

Abbildungsverzeichnis

Abkürzungsverzeichnis

ADS Active Directory Service

DC   Domain Controller

d.h. das heißt

DOS Disk Operating System

MSI Microsoft Installer Paket

TAS Testapplikationsserver

1. Einleitung

Auf dem Weg zum papierlosen Krankenhaus müssen im XY-Krankenhaus immer mehr Rechner in medizinischen Bereichen eingesetzt werden. Die Hauptanwendung ist die medizinische Krankenhaussoftware YZ von ZX, welche eine große Vielfalt von Einsatzgebieten abdeckt. Aber es werden auch andere medizinische Anwendungen im XY-Krankenhaus eingesetzt, teils aus historischen, teils aus finanziellen Gründen.

Damit dem medizinischen Personal immer ein Zugriff auf die elektronische Krankenakte des Patienten ermöglicht wird, existieren auf jeder Station mehrere Rechner. Die derzeitige Anzahl liegt bei ca. 500 Stück.

Um solch eine große Menge von Hardware schnell und effektiv zu administrieren, soll ein Softwareverteilungssystem eingeführt werden.

Auf den nächsten Seiten wird beschrieben, wie das Softwareverteilungsystem ActiveEntry im XY-Krankenhaus angewendet wird.

2. Softwareverteilung allgemein

2.1. Definition Softwareverteilung

Softwareverteilung ist eine Technik, mit der System- und Anwendungssoftware auf eine mittlere bis große Anzahl von Workstations und Servern automatisch verteilt und installiert wird.

2.2. Vorteile und Nachteile einer Softwareverteilung

Die Vorteile einer Softwareverteilung sind:

- Minimaler Administrationsaufwand beim Installieren und Updaten von Software, zur Zeitersparnis
- bessere Kontrolle der Lizenzverwaltung
- bessere Kontrolle der Hardwareverwaltung
- Vereinheitlichung
    - o um Fehlerquellen zu vermeiden
    - o um schnelleren Austausch von Workstations zu ermöglichen

1

o   bewirkt schnelleres erkennen von Fehlern (da alle gleich betroffen sind)

- einmalig zentrales Einspielen von Updates, um automatische Verteilung des Updates auf alle Workstations zu erreichen

Die Nachteile einer Softwareverteilung sind:

- Hardware muss den Anforderungen der Software entsprechen (Bsp.: Workstation muss bestimmte Speichergröße haben damit Software läuft)

- Softwareverteilung ermöglicht prinzipiell das lokale Speichern von schutzwürdigen Daten auf der Festplatte (dies kann aber durch komplizierte Zugriffsberechtigungen verhindert werden)

- Softwarepaket funktioniert nicht immer auf jeder Hardware, deshalb sollten eingesetzte Workstations so einheitlich wie möglich sein

2.3. Zuweisungsarten einer Software

Bei der Zuweisung einer Software in der Softwareverteilung handelt es sich um das Festlegen der Information, welche Software auf welcher Workstation installiert wird.

2.3.1. Zuweisung an einen Computer/ Organisationseinheit

Für die Zuweisung an einen Computer / Organisationseinheit gibt es zwei Möglichkeiten:

1. Installation beginnt, nachdem die Workstation gestartet und im Netz angemeldet ist

2. Installation startet, nachdem sich ein User an der Workstation angemeldet hat

2.3.2. Zuweisung an einen Benutzer

Die Installation startet, nachdem sich ein User an der Workstation angemeldet hat. Diese Software wird nur für diesen User installiert. Beim Anmelden eines anderen Users wird die Software deinstalliert, wenn sie diesem nicht zugewiesen ist.

2.4. Windows Installationsverfahren

Nach der Zuweisung erfolgt die Installation dieser Software durch die Softwareverteilung. Da das XY-Krankenhaus nur eine Windows basierte Softwareverteilung einsetzt, wird im Folgenden nur dessen Installationsverfahren beschrieben.

2.4.1. Microsoft Installer Paket (MSI)

Microsoft Installer Paket ist eine Standard - Technologie die Microsoft persönlich empfiehlt. Zum installieren eines MSI- Paketes ist eine Einheitlichkeit der Workstations nicht erforderlich. Es kann direkt unter Verwendung des ActiveDirectory an Workstations verteilt werden. Durch diese Möglichkeit ist kein Kauf von Zusatzsoftware notwendig, aber bei größerer Anzahl und größerem Umfang von Software und Workstations kann das Netzwerk belastet werden. Die MSI- Installation besitzt eine Schutzfunktion, die es ermöglicht, sobald ein Installationsschritt fehl schlägt, den Zustand vor dem Installationsbeginn wiederherzustellen.

2.4.2. Original Setup

Hierbei wird bei der Softwareverteilung das original Setup des Herstellers gestartet. Dies bietet den Vorteil das die "Intelligenz" des, vom Hersteller erstellten und geprüften, Setupprogramms genutzt wird. Damit ist keine Einheitlichkeit der Workstations erforderlich, aber es muss die Möglichkeit bestehen, das Setup silent auszuführen.

2.4.3. Snapeshot / Differenzmenge

Bei diesem Verfahren wird ein vorher erstelltes Softwarepaket auf die Workstation kopiert. Der Ablauf des Erstellens gliedert sich in folgende grundlegende Schritte:

1. das Scannen der "Test- Workstation", dabei werden alle Dateistrukturen und Registrierungseinträge erfasst

2. das Installieren der Software durch das Orginalsetup

3. das Einrichten der Software (z.B.: automatische Updates ausschalten)

4. das erneute Scannen der "Test- Workstation"

3

5. aus der Differenz zwischen den beiden Scans wird ein Softwarepaket "geschnürt"

Dieses fertige Paket wird dann auf allen Workstations über die Softwareverteilung installiert. Damit dieses Verfahren funktioniert, sollten sich die Workstations sehr ähnlich sein. Nahezu jedes Setup lässt sich auf diese Weise automatisieren. In durchschnittlich 80% der Verteilungsfälle funktioniert ein solches Paket auf einer Workstation.

2.4.4. Image

Dieses Verfahren ist das Schnellste, da ein Image auf eine Festplatte kopiert wird, was aber auch gewisse Grenzen festgelegt. Es ist die höchste Homogenität der Workstations erforderlich, da nur ein komplettes System installiert werden kann. Das Hinzufügen von einzelnen Anwendungen ist nicht möglich.

3. Terminalserver- das gegensätzliche Konzept
3.1. Prinzip Terminalserver

Das Prinzip des Terminalservers ist eines der ältesten Konzepte zum versorgen von mehreren Usern mit Rechenleistung. Dabei ist die Idee: Warum viel Rechenleistung auf der Userhardware vorhalten, wenn diese zu 90% der Zeit nicht voll ausgelastet wäre. Könnte es besser die Kapazität eines Rechners voll zu nutzen, indem man mehrere User gleichzeitig an ihm arbeiten lässt. Da nicht mehrere User vor einem Bildschirm und einer Tastatur arbeiten können, stellt der Server seine Kapazität über das Netzwerk den Terminals zur Verfügung. Diese sind eigentlich nichts weiter als I/O- Geräte mit gerade genügend Speicher und Rechenleistung um die Bilder des Servers anzeigen zu können. Bei der Konfiguration dieser Clients gibt es zwei grundlegende Möglichkeiten:

- Thin- Client: Dieser Rechner enthält eine Festplatte, auf dem das Betriebssystem installiert ist (nach dem Start wird die Verbindung zum Terminalserver hergestellt).

- Diskless- Client: Dieser Rechner enthält keinerlei Festplatte und lädt selbst sein Betriebssystem vom Netzwerk, anschließend wird die Verbindung zum

4

Terminalserver hergestellt. Es wäre auch denkbar das Betriebssystem von einer bootfähigen CD/DVD zu laden.

3.2. Vorteile und Nachteile des Terminalservers

Die Vorteile des Terminalservers sind:

- zentrale Administration der Anwendersoftware, damit Verringerung des Administartionsaufwandes
- Einsatz von schwacher und alter Hardware für Terminals möglich
- Terminals laufen auch auf einem lizenzfreiem Betriebssystem, wie BSD oder Linux, da nur das Übertragungsprotokoll beherrscht werden muss
- Software läuft nur auf Server
- bei Verwendung eines Diskless- Client besteht keine Möglichkeit kritische Daten lokal zu speichern, damit Erhöhung der Sicherheit

Die Nachteile des Terminalservers sind:

- starke Belastung des Netzwerks
- keine Verwaltung von Hardware
- Einsparung von finanziellen Mitteln durch billige Terminals wird meist durch fähigen Server wieder ausgegeben
- Server sollte doppelt vorhanden sein um Ausfallsicherheit zu gewährleisten
- bei Wartungsarbeiten am Server können alle User nicht weiterarbeiten (Bsp.: Server muss nach Installation neu gestartet werden)
- allen User am Server stehen gleiche Software zur Verfügung (Verhinderung durch komplizierte Zugriffsrechte)
- keine Festlegung des Hostnames wenn Terminal über Netzwerk bootet
  - o keine Namensauflösung im Netzwerk, nur Ping auf IP- Adresse möglich
  - o eventuell Hostname = IP- Adresse
  - o Lösung über DHCP- Server dieser MAC- Adresse eine feste IP- Adresse

zuordnen

3.3. Mögliche Anwendungsfälle für XY-Krankenhaus

3.3.1. Heimarbeit des Arztes bei Bereitschaft

Ein Arzt soll, wenn er Bereitschaft hat, die Möglichkeit erhalten von zu Hause aus auf das System zugreifen zu können. Somit kann er sich die elektronischen Krankenakten von Patienten anzeigen lassen, um schneller Entscheidungen zu fällen. In diesem Fall ist es nicht möglich solch einen Zugang über seinen Privat- PC einzurichten, da wahrscheinlich alle Familienmitglieder Zugriff zu diesem PC haben. Weiterhin kann nicht ausgeschlossen werden, das sich Viren, Würmer oder sonstige Spionageprogramme auf diesem PC befinden. Deshalb wird der Arzt bei Bereitschaft einen Laptop erhalten, mit dem er dann über das Internet oder über ISDN, als Direkt- Verbindung, auf das System zugreift. Natürlich müssen dabei Sicherungstechniken, wie VPN, Verwendung finden um eine Sicherheit der Daten zu gewährleisten. Durch eine Konfigurierung des Laptops als Diskless- Client kann man die Datensicherheit erhöhen. Da in diesem Fall keine Festplatten vorhanden sind, können keine schutzwürdigen Patientendaten lokal gespeichert werden. Der Laptop bootet von CD und geht dann die Verbindung zum Terminalserver ein.

3.3.2. Visite mit Laptop

Ärzte würden gern während der Visite auf die elektronische Krankenakte zugreifen, um aktuelle Daten zu sehen und eventuell zu ergänzen. Um dies praktikabel zu gewährleisten, muss für jede Station ein Laptop angeschafft werden. Außerdem sollte auf der ganzen Station WLAN verfügbar sein, denn es ist nicht zumutbar, dass der Arzt bei betreten eines Zimmers sich erst um die Netzwerkverbindung kümmern muss. Da ein Mobiler Laptop noch einfacher entwendet werden kann als ein Desktop - PC, sollte der Laptop als Diskless- Client konfiguriert werden, um das lokale Speichern von schutzwürdigen Patientendaten zu verhindern. Bei diesem Laptop sollte man das booten über Netzwerk bevorzugen, damit Kosten beim Laptop gespart werden können.

4. Entscheidung zwischen Softwareverteilung und Terminalserver

Der Einsatz von nur einer Variante in einem so großen Netzwerk ist die denkbar schlechteste Entscheidung. Es kommt auf den jeweiligen Verwendungszweck des Rechners an, ob das Terminal- oder das Softwareverteilungskonzept eingesetzt wird. Wenn wirklich sichergestellt sein soll, das keine kritischen Daten lokal gespeichert werden, ist der Diskless- Client die bessere Wahl. Will man die Server entlasten und lässt deshalb größere Teile der Anwendungen lokal ausführen, ist ab einer Anzahl von ca.

30 Workstations die Softwareverteilung das einzige praktikable Konzept, um die Administration zu vereinfachen. Man sollte dennoch alle Terminals in der Hardwareverwaltung der Softwareverteilung eintragen, um den Überblick über seine Rechner nicht zu verlieren.

5. Softwareverteilung mit ActiveEntry

Im XY-Krankenhaus wird zur Softwareverteilung die Komplettlösung ActiveEntry von Völcker Informatik AG eingesetzt. Dieses System kann weit mehr als nur Software verteilen. Es bietet nicht nur die für die Softwareverteilung notwendige Möglichkeit Hardware und Arbeitsplätze zu verwalten, sondern es lassen sich auch Personen und der ADS managen.

5.1. Komponenten des ActiveEntry

Da es eine Vielzahl von Komponenten gibt, werden nur die erwähnt, welche im Praktikum benutzt wurden. Der wichtigste Teil ist die zentrale Microsoft SQL Datenbank, in der alle Informationen gespeichert werden. Fast alle Teilprogramme greifen direkt auf diese zu, um Informationen zu bekommen. Zu den Administrationswerkzeugen gehören der Manager, SysConfig und Jobqueue Info. Weiterhin ist der VI- Client, welcher kein Administrationswerkzeug ist, zu erwähnen. Anschließend werden sie aus informativen Gründen kurz erläutert.

5.1.1. Manager

Der Manager ist die zentrale Administrationsoberfläche in der alle Informationen eingegeben bzw. festgelegt werden. Hier sind die Formulare für Hardware, Software, Arbeitsplatz usw. dem Administrator zugänglich. Das heißt im Manager kann man festlegen, welche Workstation welche Software bekommt.

5.1.2. SysConfig

Mit dieser Komponente werden die Administrationswerkzeuge konfiguriert. Es können neue Formulare und neue Menüeinträge für den Manager erstellt werden. SysConfig ermöglicht das Festlegen neuer Jobketten und Skripte die ausgeführt werden sollen. Das bedeutet dieses Tool ermöglicht das Customizing von ActiveEntry.

5.1.3. Jobqueue Info

Jobqueue Info ermöglicht es, aktuelle Aufträge (Jobketten) zu überwachen und festzustellen wann diese abgearbeitet wurden. Weiterhin bietet es die Möglichkeit Informationen von Server anzeigen zulassen.

5.1.4. VI- Client

Der VI- Client wird zur Verteilung der Software an die Hardware/Benutzer eingesetzt. Er startet direkt nach dem Anmelden des Users aus dem Login- Skript heraus. Er überprüft welche Software bereits installiert ist und welche noch zu de-/installieren ist, da sie der Hardware oder dem User nicht zugewiesen / zugewiesen ist. Danach wird das De- /Installieren gestartet.

5.2. Konzept der Zuweisung von Applikationen an die Hardware

Im ActiveEntry kann nicht nur Hardware und Software verwaltet werden, sondern auch virtuelle Arbeitsplätze. Dem Arbeitsplatz kann beliebige Hardware, Software und Strukturen zugeordnet werden. Um die Vorteile und Absichten hinter diesem Konzept näher zu erklären, wird es anhand eines Beispieles erläutert:

Die Sekretärin Frau M. besitzt an ihrem Schreibtisch einen PC und einen Drucker und für ihre tägliche Arbeit benötigt sie ein Office- Programm. Nach diesen Daten wird ein Arbeitsplatz mit dem Namen "Frau M." angelegt und diesem ein Rechner ("Musterrechner") und ein Drucker ("Musterdrucker") zugewiesen. Da Frau M. ein Office- Programm verwendet, muss diese Applikation dem Rechner zugewiesen werden, damit die Softwareverteilung das Office- Progamm installiert.

Die denkbar schlechteste Methode wäre es die Applikation direkt dem Musterrechner zuzuweisen. Die Begründung dafür ist, wenn der Rechner ausfallen würde und dieser ersetzt werden müsste, so ist dies mit einem großen Aufwand verbunden. Der Administrator müsste den "Musterrechner" beim Arbeitsplatz austragen und "Musterrechner 2" zuweisen. Danach werden alle Applikationen, welche der "Musterrechner" bekommen hat, auch dem "Musterrechner 2" zugewiesen. Um diesen Aufwand zu verhindern, gibt es im ActiveEntry die Möglichkeit Applikationen einem Arbeitsplatz zuzuweisen. Sie werden dann automatisch auf den zugewiesenen "Musterrechner" vererbt. Damit ist bei einem Ausfall nur die Zuweisung eines neuen Rechners an den Arbeitsplatz notwendig und "Musterrechner 2" bekommt automatisch die selben Applikationen installiert, wie der "Musterrechner" zuvor. Scheinbar ist dieser Ansatz besser, aber er ist keines Wegs perfekt. Wenn eine neue Version dieser Office- Applikation eingesetzt wird, würde dies dazu führen, das allen Arbeitsplätzen, die bisher das Office- Programm besaßen, das Neue zugewiesen werden muss . Dies würde zu einen enormen Zeitaufwand führen. Um den Zeitaufwand zu verhindern, kann eine weiteres Objekt im ActiveEntry genutzt werden, eine so genannte Struktureinheit. Diese Struktureinheit würde den Namen "Office" erhalten, welche die Applikation Office zugewiesen wird. Danach wird sie allen Arbeitsplätzen zugewiesen die Office benötigen. Die Applikation wird von ActiveEntry automatisch von der Struktur über den Arbeitsplatz auf die Hardware vererbt. Wenn eine neue Version benutzt werden soll, muss der Administrator nur die Applikation in der Struktureinheit austauschen. Der erste Eindruck zeigt eine enorme Zeiteinsparung, stellt aber in Wirklichkeit eine Gefahr dar . Denn im Laufe der Zeit wird es viele Struktureinheiten geben, die die Applikation Office besitzen, da es nicht möglich ist, eine Struktureinheiten einer Anderen zuzuweisen. Diese dann alle zu ändern, im Falle einer neuen Office- Version, ist aufwendig. Deshalb muss zusätzlich eine Instanz geschaffen werden, welche endgültig die Versionsfreiheit erreicht. Dazu wurden Applikationspakete geschaffen, welchen nur Applikationen zugewiesen werden können. Das Applikationspaket wird dann den Struktureinheiten zugewiesen. Das Applikationspaket vererbt seine Applikation an die Struktureinheit. Diese vererbt sie weiter an den Arbeitsplatz, welcher ihn an die Hardware weitervererbt. Damit muss der Administrator im Falle eines Updates oder Releasewechsels nur eine

Zuordnung im ActiveEntry ändern, um auf allen Rechnern die neue Version der
Applikation zu installieren.

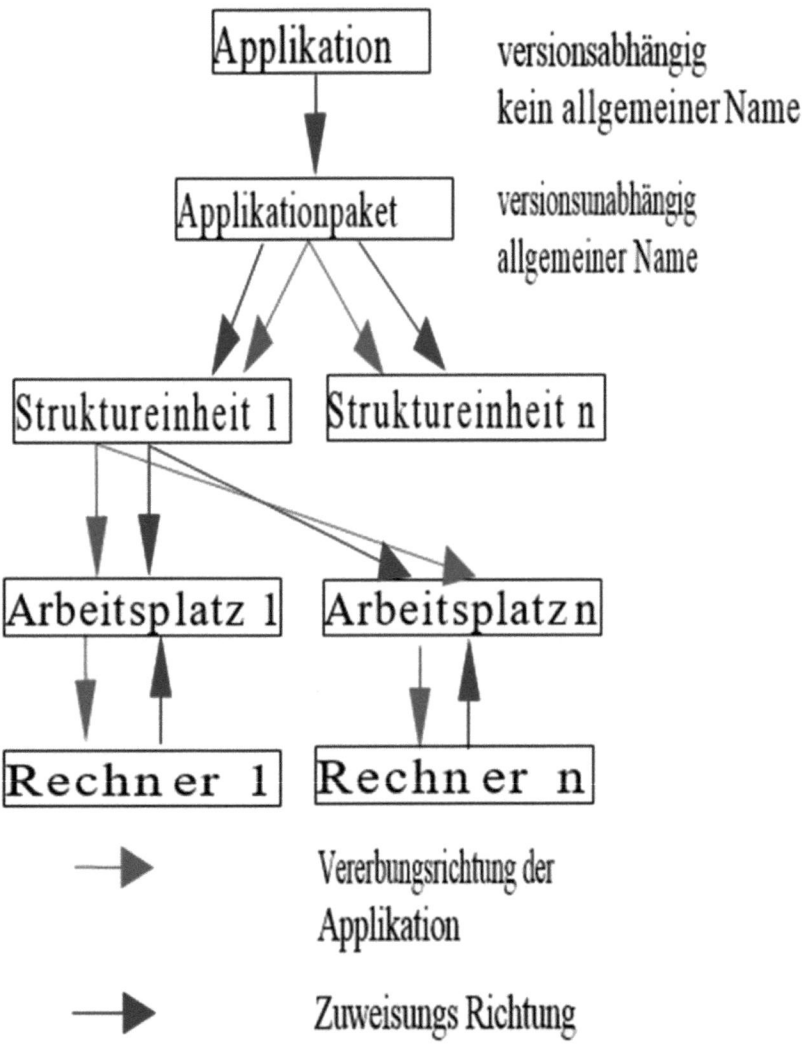

Abbildung 1 Zuweisungs und Vererbungsrichtung

5.3.Installationsverfahren

Prinzipiell unterstützt ActiveEntry drei der unter Erstens vorgestellten Installationsverfahren. Das bevorzugte Verfahren ist das Snapeshot - Verfahren. Dies hat den Vorteil, das fast jedes Setup automatisiert werden kann. Ebenfalls lassen sich ohne Probleme MSI- Pakete verteilen. Man kann bei der Installation eines Software- Paketes mehrere Batchdateien ausführen, damit ist es auch möglich ein Original- Setup "silent" zu starten.

5.4.Dynamische Rollen

In einem Unternehmen gibt es Software die auf jeder Workstation installiert sein sollte. Zum Beispiel eine AntiViren- Software, denn kein Administrator will das seine Rechner ohne Virenschutz laufen. Da die Liste solcher Software sehr lang werden kann, wäre es gut, wenn das System die Zuordnung solcher Softwarepakete selbst erledigen könnte. Für solche Fälle gibt es im ActiveEntry dynamische Rollen. Diese sind Bedingungen die an Objekte des Typs WorkDesk, Hardware oder Person gehängt werden können. Im Falle der Gültigkeit der Bedingung, die in SQL formuliert ist, wird eine vorher festgelegte Struktur dem Objekt zugewiesen. Im fünf Minutentakt startet ein DatenbankJob der diese Bedingungen überprüft und die Struktur zuweist. Da den Strukturen die Applikationspakete zugewiesen sind, werden alle Applikationen auf die Hardware oder den WorkDesk vererbt. Aufgrund der Zuweisungen und keiner Vererbung der Struktur, ist es im Manager nicht sichtbar, ob die Struktur per Hand oder per dynamische Rolle zugewiesen wurde. Deshalb wurde eine Namenskonvention für Strukturen, die per dynamische Rolle zugewiesen werden, festgelegt.

Alle Strukturen heißen wie folgt:

DYN_ROLL_<Name der Struktureinheit>, wie zum Beispiel die Struktur "DYN_ROLL_StandardInstallation" Durch die Möglichkeit der SQL- Bedingung kann die dynamische Rolle auch für die Installation von Druckertreibern verwendet werden. Dem Arbeitsplatz wird nur der Drucker als Hardware zugewiesen und die dynamische Rolle weist automatisch den entsprechenden Treiber zu.

5.5. Jobketten

Viele Änderungen in der Datenbank erfordern auch Änderungen auf den Servern. Damit dies geschieht, werden so genannte Jobketten generiert. Jobketten sind eine Abfolge von zu erledigenden Aufgaben (Jobs), wenn etwas bestimmtes in der Datenbank geschehen ist. Sie werden in der Datenbank in der Tabelle "Jobqueue" gespeicher t. Mit dem Tool "Jobqueue Info" können sie angezeigt und ihr Verlauf kontrolliert werden. Mit "Sysconfig" können Jobketten erstellt werden, um ActiveEntry besser an die Bedürfnisse des Unternehmens anzupassen.

Eigene Jobketten für das XY-Krankenhaus:

Im Explorer kann man sich alle Rechnernamen anzeigen lassen, die gerade an der Domain angemeldet sind. Weiterhin wird dort zu jeder Workstation eine Beschreibung angezeigt. Im XY-Krankenhaus soll jede Workstation eine Beschreibung erhalten, da diese anzeigen soll, in welcher Abteilung der Rechner aufgestellt ist. Um dies zu erreichen, war bisher manuelle Arbeit an einem DC nötig. Damit dies auch während des Unattented Setup geschieht, wurde eine Jobkette erstellt. Die Jobkette startet immer, wenn der Rechner einem neuen Arbeitsplatz zugewiesen wird. Sie liest die Bezeichnung des Arbeitsplatzes aus und erzeugt damit einen REG- File der auf dem Server gespeichert wird. Diese Registrierungsdatei hat den selben Namen wie der Rechner. Wenn sich der InstallationsUser während des Unattended Setup automatisch anmeldet, wird dieser Reg- File in die Registrierung importiert und in der Beschreibung steht der Arbeitsplatzname des Rechners. Dieses Importieren wäre auch bei jedem Anmelden eines normalen Users möglich.

Um bei den Jobketten und Jobs den Überblick zu behalten, wurde erneut eine Namenskonvention eingeführt.

Namenskonvention für Jobs:

- Beginnen immer mit XY_ (XY_<RichtigerName>)

- Bsp.: XY_CreateWorkDeskReg Namenskonvention für Jobketten:

- Beginnen immer mit XY_

- am Ende steht immer die Datenbankbefehl bei der die Jobkette ausgelöst wird (Update/Insert / Delete) bei mehreren mit / getrennt

- XY_<RichtigerName>_ < DBBefehl1 / DBBefehl2...>
- Bsp.: XY_CreateWorkDeskReg_Update

5.6. Unattended Setup

Auf Basis des automatischen Setups von Windows NT wurde von Völcker Informatik AG ein Vorgang geschaffen, der eine Workstation von Grund auf neu installiert. Dabei ist es möglich die Installation über Diskette oder über Netzwerk zu starten. Es wird ein DOS gestartet, welches alle vorhandenen Partitionen löscht und eine FAT16 Partition anlegt. Danach wird neu gestartet. Es muss nun noch einmal von Diskette oder Netzwerk gebootet werden. Im Anschluss wird die Partition formatiert und eine Verbindung zum Installationsserver aufgebaut. Durch die MAC- Adresse der Netzwerkkarte, die einmalig auf der Welt sein sollte, wird der Hostname ermittelt. Die Setup inf- Datei der Windowsinstallation wird angepasst und alle Dateien werden auf den Rechner kopiert. Danach startet das automatische Setup von Windows , dabei wird das Dateisystem konvertiert und die Partition vergrößert. Im Anschluss an dieses Setup ist es möglich, weitere Batchdateien ausführen zulassen. Diese installieren beispielsweise den neusten Internetexplorer und setzen die Berechtigungen für Laufwerk "C". Weiterhin meldet sich bis zu dreimal der User AutoInst am System an. Dieser startet den VI- Client und alle der Workstation zugewiesenen Softwarepakete werden installiert. Danach ist die Workstation fast komplett, das einzige was manuell erfolgen muss, ist das sofortige Installieren der Windowsupdates. Sie würden sich zwar am nächsten Tag selbst installieren, aber man sollte keinem User eine solche Masse an Updates zumuten, da sie sehr zeitaufwendig sein können.

5.7. PXE- Menü

In einem so großen Netzwerk wie im XY-Krankenhaus sind aus Sicherheitsgründen an allen Workstations die Laufwerke ausgebaut und USB- Massenspeicher deaktiviert, damit über keinen tragbaren Datenträger Viren oder sonstige "Schädlinge" ins Netzwerk gelangen können. Diese Tatsache stellt natürlich auch den Administrator vor Probleme, wenn er die Workstation von Grund auf neu installieren muss. Der Rechner muss erst geöffnet und ein Laufwerk eingebaut werden, um von diesem zu booten und die Installation zu starten. Da es heute noch selten vorkommt, das man von einem Datenträger installiert, sondern über Netzwerk, könnte man ja auch gleich über dieses booten. Damit entfällt die zeitaufwendige physische Arbeit an der Hardware. Um das booten über Netzwerk zu ermöglichen, ist eine bootfähige Netzwerkkarte erforderlich. Standardmäßig kann mit dem Intel PXE- Server nur ein und dasselbe PXE- Bootmenü allen Workstations im Netz angeboten werden. Dies ist aber sehr nachteilig. Nehme man an, es gibt Terminal- Clients im Netzwerk und zwar Diskless- Clients, welche immer vom Netzwerk das Betriebssystem booten müssen. Eine Workstation in der Softwareverteilung dagegen, startet ihr lokales Betriebssystem. Welcher Eintrag im PXE- Bootmenü soll nun die Standardauswahl sein, die gewählt wird, wenn der User nicht explizit wählen möchte ? Die scheinbar einfache Lösung wäre die Workstation nicht vom Netzwerk booten zulassen und die Standardauswahl auf das Betriebssystem des Diskless- Clients zu stellen. Aber sobald man mehrere Terminalserver benutzt und damit mehrere Betriebssysteme, um automatisch auf einem bestimmten Server zu gelangen, versagt diese Lösung erneut. Zusätzlich entsteht ein Mehraufwand den der Administrator mit dem ständigen Einstellen der Bootreihenfolge auf den Workstations hat, um vom Netzwerk zu booten. Die Vollständige Lösung bietet ActiveEntry. Es kann jeder Workstation ein eigenes PXE- Bootmenü zugewiesen werden. Möglich wird dies durch eine von Völcker Informatik AG angepasste DLL- Datei vom PXE- Server. Die prinzipiellen Bootmenü Einträge müssen noch im PXE- Server eingestellt werden, d.h. Beziehung zwischen Auswahlcode und Diskettenimage muss erstellt werden. Der PXE-Server muss wissen, wenn die Workstation diesen Auswahlcode sendet soll dieses Diskettenimage geladen werden. Alles andere wird im ActiveEntry eingestellt. Es werden zuerst Bootmenüeinträge erstellt, dabei wird der angezeigte Auswahlstring und der Auswahlcode festgelegt. Danach können beliebig viele PXE- Bootmenüs erstellt werden. Sie können bis zu 20 Einträge enthalten. Der erste Eintrag ist immer die Standardauswahl, wenn der User nicht explizit wählen möchte. Diese PXE- Menüs können an Hardware, Arbeitsplatz oder Maschinentype zugewiesen werden. Hierbei ist die Zuweisung an den Maschinentype sehr interessant, wenn man zum Beispiel die Diskless- Clients auch in der Hardwareverwaltung von

ActiveEntry eingetragen hat. Damit ist es möglich, diese Rechner vom Maschinentype LinuxThinClient zu verwalten. Wenn diesem MaschinenType ein PXE- Bootmenü zugewiesen wird, erben es alle Rechner. Das Bootmenü heißt ebenfalls LinuxThinClient und hat als einzigsten Eintrag das "Linux" was gebootet werden soll. Es ist also auch vorstellbar das alle Rechner vom Machinentype Standard ein Bootmenü bekommen was nur das lokale Booten zulässt. Damit wird auch die Sicherheit erhöht, da keine zufällige falsche Auswahl durch den User möglich ist. Dies ist nicht das Einzigste was ActiveEntry in Bezug auf PXE- Menüs beherrscht. Es gibt die Möglichkeit Extramenüs zu erstellen und zuzuweisen. Durch das Zuweisen eines Extramenüs kann der Administrator das einmalige booten von einem anderen PXE- Bootmenü erzwingen. Dies eröffnet neue Möglichkeiten der Installation von Workstations. Man nehme an, die Workstation gehört zum Machinentype Standard und bekommt damit das Bootmenü wo nur lokales Booten angeboten wird. Soll diese Workstation mit dem Unattended Setup neu installiert werden, muss kein Administrator mehr vor Ort gehen, um die richtige Auswahl im PXE- Bootmenü zu treffen damit die Installation gestartet wird. Es werden zwei Extramenüs zugewicsen FirstReboot, SecondReboot da zweimal das Unattended Setup ausgewählt werden muss. Der Rechner wird vom dortigen Personal einfach neu gestartet und die Installation beginnt.